梁啓超手稿擷英

上

圖書在版編目（CIP）數據

梁啓超手稿擷英：一函二册／國家圖書館出版社編．—北京：國家圖書館出版社，2023.1

ISBN 978-7-5013-7289-8

Ⅰ．①梁… Ⅱ．①國… Ⅲ．①梁啓超（1873-1929）-手稿 Ⅳ．①K825.1

中國國家版本館 CIP 數據核字（2023）第 008795 號

書　　名　梁啓超手稿擷英（一函二册）

著　　者　國家圖書館出版社 編

責任編輯　王燕來　王佳妍

出版發行　國家圖書館出版社（北京市西城區文津街 7 號 100034）
（原書目文獻出版社　北京圖書館出版社）
010-66114536　63802249　nlcpress@nlc.cn（郵購）

排版印裝　天津圖文方嘉印刷有限公司

開　　本　十六開

印　　張　二九

版　　次　二〇二三年一月第一版　二〇二三年一月第一次印刷

書　　號　ISBN 978-7-5013-7289-8

定　　價　六八〇圓

梁啓超手稿精粹 上

書　名　梁啓超手稿精粹（一函二冊）

開　本　16開

印　張　九

出版説明

梁啓超（一八七三—一九二九），字卓如，一字任甫，號任公，又號飲冰室主人、飲冰子、哀時客、中國之新民、自由齋主人。廣東新會人，清光緒年間舉人。中國近代思想家、政治家、教育家、史學家、文學家。戊戌變法（百日維新）領袖之一、中國近代維新派代表人物。

梁啓超一生愛國，時時刻刻爲國家命運而上下求索。北京大學中文系夏曉虹教授曾這樣評價他：『梁啓超是近代中國知識分子群體中最完滿的典型代表。無論是疾呼變法圖强、宣傳西方文明，還是提倡君主立憲，他的興奮點始終與時代的興奮點保持一致。』可以説，愛國、變法是他的人生主題詞。梁啓超還被公認爲清末的優秀學者，中國歷史上一位百科全書式的人物。他於學術研究涉獵廣泛，在哲學、文學、史學、經學、法學、倫理學、宗教學等領域均有建樹。他一生勤奮，著述宏富，《清代學術概論》《中國歷史研究法》《中國近三百年學術史》《論中國學術思想變遷之大勢》等，均爲世人所推崇。

手稿，意爲作者親手寫成的底稿，人們通過對手稿的研究，可更深層次地挖掘作者的思想和創作過程，這種原始性成爲手稿彌足珍貴的重要原因。除此以外，我們通過手稿，更可看出作者的書法風格與水準。梁啓超一生各種著述達一千四百多萬字，且所有文稿都是他用毛筆親手書寫，爲後世留下了大量手稿。他的思想内涵和書法造詣，我們均可從手稿中窺探一二。

梁啓超及其手稿與國家圖書館之間有着深厚的淵源。梁啓超曾擔任國家圖書館前身京師圖書館的館長，去世前，梁啓超專門叮囑兒女，務必將其手稿和所藏書籍捐獻給國家。一九三〇年二月，梁氏子女遵照父親遺囑，主動將天津飲冰室的藏書、碑帖石刻、墨迹手稿與私人信札『永久寄存』國立北平圖書館（一九二八年改京師圖書館爲國立北平圖書館，今國家圖書館），『以供衆覽』。如今，梁啓超的大批手稿正妥善珍藏在國家圖書館名家手稿文庫中。

二〇二三年是梁啓超先生誕辰一百五十周年，在此之際，國家圖書館出版社精選梁啓超晚年著名作品手稿共七篇，包含《先秦思想家小傳》《情聖杜甫（五月二十一日爲詩學研究會講演）》《教育家的自家田地》《科學精神與東西文化（八月二十日在南通爲科學社年會講演）》《國學入門書要目及其讀法》《梁啓超致王國維書信（五通）》《學問獨立與清華第二期事業》等篇目，内容涉及治學、教育、國學等主題，依據時間排序，使用宣紙綫裝影印出版，儘可能爲讀者展現梁啓超手稿的原始風貌，值得讀者珍藏。

廣東省江門市新會區人民政府

國家圖書館出版社

二〇二二年九月

目録

先秦思想家小傳

伊尹

伊尹名摯（孫子用間、墨子尚賢中、楚辭離騷天問）尹蓋其字（尚書孔疏）為夏商之丞耕于有莘之野而樂堯舜之道非其義也非其道也祿之以天下弗顧也繫馬千駟弗視也非其義也非其道也一介不以與人一介不以取諸人湯使人以幣聘之囂囂然曰我何以湯之聘幣為哉我豈若處畎畝之中由是以樂堯舜之道哉湯三使往聘之既而幡然改曰與我處畎畝之中由是以樂堯舜之道吾豈若使是君為堯舜之君哉吾豈若使是民為堯舜之民哉吾豈若於吾身親見之哉（孟子萬章上）乃就湯與之素王九主之事（史記殷本紀。裴駰史記集解引劉向別錄云九主者有法君專君授君勞君等君寄君破君國君三歲社君凡九等圖畫其形）湯學焉而後臣之故有謀焉則往就不敢召也（孟子公孫丑下）保衡阿衡寔左右商王（詩長發）既相湯以伐夏救民（孟子萬章上）保衡阿衡寔左右商王（詩長發）湯崩湯孫太甲顛覆湯之典型（孟子萬章上）伊尹曰予

不狎于不順放太甲于桐民大悅太甲賢又反之民大悅（孟子盡心上） 年百餘歲以沃丁八年卒沃丁葬以天子之禮（書序疏殷本紀正義 經典釋文注並引世紀） 伊尹嘗曰何事非君何使非民治亦進亂亦進（孟子公孫丑上萬章下） 嘗五就湯五就桀焉（孟子告子下） 又曰天之生斯民也使先知覺後知使先覺覺後覺也予天民之先覺者也予將以斯道覺斯民也非予覺之而誰也思天下之民有匹夫匹婦不被堯舜之澤者若己推而納之溝中其自任以天下之重如此（孟子萬章上） 故湯稱為元聖（書湯誥 孟子）稱為聖之任云（萬章下） 其著作為孔子采入尚書者曰女鳩女房曰咸有一德曰伊訓曰肆命曰徂后曰太甲訓三篇（書序 今皆亡 今注疏本有咸有一德伊訓及太甲三篇皆偽書也） 而伊尹五十一篇至漢時尚存漢儒指為道家之祖焉（漢書藝文志諸子略道家者流） 又有四方獻令（周書王會 今錄其文） 區田法（齊民要術引氾勝之述伊尹法） 至今猶存梁[illegible][illegible]曰漢志於古書依託者皆注出之惟伊尹書未嘗致疑孫五十一篇頗精粹為雖民（小說家者流別有伊尹說二十五篇 班自注云其語淺薄似依託也）所佚耶孟子緯引伊尹曰云云蓋本書所本尸子呂覽說苑韓詩外傳皆引伊尹對湯問與獻令區田法等篇皆五十一篇中之文然則我國著書成一家之言者莫古於伊尹矣

箕子

箕子名胥餘 尸子君次 殷紂之諸父 論語注 為紂太師 史記宋世家 紂無道微子去之比干諫而死而箕子為之奴于 論語微子 孔子稱之曰殷有三仁 論語微子 又曰內難而能正其志箕子以之也 易明夷彖傳 武王克殷釋其囚 書武成 十有三祀武王訪箕子詢以陰騭下民彝倫攸敘之義箕子為陳禹所傳洪範九疇初一曰五行次二曰敬用五事次三曰農用八政次四曰協用五紀次五曰建用皇極次六曰乂用三德次七曰明用稽疑次八曰念用庶徵次九曰嚮用五福威用六極 書洪範 其後武王封之於朝鮮焉 尚書大傳 後漢書東夷傳 梁啟超曰陰陽五行之學漢世極盛而皆推演洪範故劉向許商之五行傳記漢志列諸尚書家焉今文家說諸經皆以五行緯書尤甚蓋衍箕子之緒也

太公

太公名望（孟子盡心下） 或曰名尚（史記世家） 姓吕 亦姓姜（世家）
所生地為今河南汲縣（縣中所存晉太康四年吕望表石刻 又吕氏春秋當染注 淮南子氾論注 外傳注九）
嘗避紂居於海濱 聞文王作 歸之（孟子盡心上）
佐武王克殷 號師尚父（詩大明） 蓋為文武師云（世家） 文王
脫羑里之囚而歸 與太公陰謀修德以傾商政 其事
多兵權與奇計 故後世之言兵及周之陰權皆宗
太公為本謀（世家） 封於齊 既就國 因其俗 簡其禮 通
商工之業 便魚鹽之利 於是人民多歸齊 齊為大國（世家）

其著書傳於漢世者 有太公二百三十七篇 內分
為謀八十一篇 言七十一篇 兵八十五篇（漢書藝文志 諸子略道家者流）
~~班固謂或有近世為太公術者所增加也~~ 至梁隋
唐之世 則有太公陰謀一卷 太公陰符鈐錄一卷 太公
伏符陰陽謀一卷 太公金匱二卷 太公兵法二卷（太公六韜五卷） 又
六卷 太公雜兵書六卷 太公三宮兵法一卷（隋書經籍志）
太公陰謀三卷 陰謀三十六用一卷（舊唐書藝文志） 蓋皆二
百三十七篇中所析出別本 而其僞愈不可辨 今則寥

亡矣。梁啓超曰：班固敘錄太公書，而自注云：或有近世爲太公術者所增加也。則其書蕪駁可推見，然要必有一部分爲太公之舊者，惜今不可得見矣。今傳六韜一書，舊題太公作，而漢志不著錄。（漢志儒家有周史六弢六篇，班氏自注云：惠襄之間，或曰顯王時，或曰孔子問焉。顏注曰：即今之六韜也。案今六韜乃文武問太公兵戰之事，而此列諸儒家，則非一書甚明。顏注云然者，蓋顏所謂今六韜，又非今存之今六韜耶。）然其名遠見於莊子、徐無鬼。又爲漢昭烈諸葛亮君臣所稱嗜。（三國志注引先主遺詔）則所傳蓋甚古。今本或代有附益，然其中奧賾之理頗不乏。殆爲二百三十七篇中之一部無疑。（四庫提要逕指其僞，於星術則極詆之，而力辨其真。平心論之，其書未必太公自撰，蓋班氏所謂爲太公術者所增加，要當出戰國前，而漢以後有所增刪，或亦不免。謂全僞則必不然矣。）又太公陰符，蘇秦所誦，（戰國策秦策）今傳陰符經，舊題黃帝撰，而太公爲之注。黃帝必爲依託，自無待言。然其書精奧卓絕，斷非秦漢後人所能造。或即太公口說，亦未可知。要之後世之道家言、法家言、兵家言，其思想各皆受太公之影響，殆可斷言也。

周公

周公名旦，（書金縢、洛誥、君奭）文王之子，武王之弟，成王之叔父也。（史記）武王即位，常輔翼用事，既佐伐紂定天下，封於魯，不之國而留輔政。武王崩，成王立，周公踐阼攝政，（史記魯世家）管蔡以殷畔，（孟子）周公居東（征）二年，罪人斯得。（書金縢）誕保文武受命七年，乃復子明辟。（書洛誥）成王二十二年，薨於豐。（竹書紀年）周公思兼三王，以施四

方，其有不合者，仰而思之，夜以繼日，幸而得之，坐以待旦。（孟子離婁下）其勤如此。初文王幽於羑里，重易八卦為六十四卦，繫以辭，周公居東，更取諸卦三百八十四爻，爻繫以辭，周易以成。（唐孔穎達周易序引馬融陸績諸人說）故韓宣子適魯，見易象，歎曰，吾乃知周公之德也。（左傳 年）周公誥所著訓誥采入書百篇中者凡十六，曰金縢，曰大誥，曰歸禾，曰嘉禾，曰康誥，曰酒誥，曰梓材，曰召誥，曰洛誥，曰多士，曰無逸，曰君奭，曰將蒲

姑、曰多方、曰立政、曰周官、（書序）歸禾、嘉禾、將蒲姑、亳
周官四篇今亡焉、其見於逸周書者十四、曰大開武、
曰小開武、曰成開、曰作雒、曰皇門、曰大戒、曰周月、曰
時訓、曰月令、曰謚法、曰明堂、曰本典、曰官人、（逸周書序）
周公所作詩歌見於詩三百篇中者、曰七月、曰鴟鴞、
（詩序）而禮經十七篇、周官六篇、後世學者皆謂為
周公攝政太平之書、（唐賈公彥儀禮疏序）而爾雅釋詁一
篇、或亦以為周公所作云、（魏張揖上廣雅表）梁啟超曰、言聖

必稱周孔、孔子開新思想者也、然孔子實亦長育
於周代舊思想之中、豈惟孔子、諸子皆然矣、周
代舊思想、則周公其創作者且其總匯者也、夫
易象者、自然哲學之先河也、官禮者、禮治主義
之極軌也、其訓誥之文、則王道浹人事備矣、周
公以介弟作元輔、以大思想家為大政治家、其為
一代世運所繫、不亦宜乎、

周代諸史官 他守官附

梁啟超曰，我國學問之考究，自春秋戰國以後耳，前乎此，則學問之事，皆掌於專司，非所司則靡得而闚焉，而所司又世其守者也，故凡百學問，皆帶官府性質、貴族性質（神秘性質）、世襲性質，班固述劉氏父子之說，敘列九流，則曰儒家蓋出於司徒之官，道家蓋出於史官，陰陽家蓋出於羲和之官，法家蓋出於理官，名家蓋出於禮官，墨家蓋出於清廟之守，縱橫家蓋出於行人之官，雜家蓋出於議官，農家蓋出於農稷之官，小說家蓋出於稗官，乃知兵書略之兵家蓋出古司馬之職，數術略之數術者皆明堂羲和史卜之職，方技略之方技者王官之一守也。（漢書藝文志）雖所以附會未必盡當，要之各種官守為古代智識貯藏之總庫，則無以易也。王朝分官甚多，侯國不能備官，率以史攝諸職，而博物君子及史善談名理者恆出其間。

經傳所記，若周之史佚、亦作史逸、亦稱尹佚、見逸周書世俘、神記、管子、尚、左傳僖十五年、國語周語、周任、周史官、見論語季氏、左傳隱六年、辛甲、周太史、見左傳襄四年、辛有、辛甲之後、見左傳昭十五年、右史戎夫、見逸周書史記、內史過、見左傳莊三十二年、國語周語、史角、見呂覽當染、內史叔興、見左傳僖十六年、廿八年、國語周語、老聃、列詳本傳、萇弘、見左傳昭十八年、國語周語、內史叔服、見左傳文元年、史大弢、見莊子則陽、太史儋、見史記周本紀、秦本紀、老子傳、魯之申須、見左傳昭十七年、卜楚丘、見左傳閔二年、師摯、見論語、左丘明、列詳本傳、晉之太史屠黍、見呂覽先識、卜偃、見左傳閔元年、辛廖、見左傳閔二年、董狐、見左傳宣二年、又昭十五年云、

辛有之二子董晉典籍，于是有董史，並列董氏，實周辛有之後也、梁卜招父、見左傳僖十七年、籍偃、籍黶、司典籍者、見左傳成十六年、史趙、見左傳襄三十年、史蘇、見左傳僖十五年、師曠、見逸周書太子晉解、左傳襄十四年、國語晉語、蔡墨、見左傳昭廿九年、衛之史魚、見論語、亦作史鰌、見左傳襄二十九年、師襄、見史記孔子世家、史鼂、見左傳昭七年、齊之太史氏、南史氏、見左傳襄二十五年、祝鮀父、同上、鄭之史伯、見國語鄭語、裨竈、里析、俱見左傳昭十八年、梓慎、見左傳昭七年、十七年、虢之史嚚、見左傳莊三十二年、國語晉語、楚之史老、見國語楚語、工尹襄、見左傳成十六年、左史倚相、見左傳昭十二年、秦之卜徒父、見左傳僖十五年、內史廖、見史記秦本紀、

其顯著者也。其人類皆專司教宗儀式學藝典籍史乘記録之事，以其官能占驗天象，先知休咎，熟于掌故，善於論古今國族盛衰興亡之史，時君及賢士大夫恒諮訪以決事，師資以廣學焉。自東周迄春秋之季五六百年間，實以此等學術之中堅，如希臘波斯之學府集於祭司，歐洲中世之學脉繫於教會也。大抵此輩之最有功於社會者，在其能攢集古來之思想，保存之以傳於後，若建設一新系統之思想，則非其人所能及也。然其片文隻義見於故書雅記者，往往有極精到之語，能為新思想家導先路，且新思想家若不得其協助，則其思想將不能完成，故孔子問禮於老聃，訪樂於萇弘，而墨子亦學於史角也。（呂覽當染）然其間固有瑰瑋絕特者出焉，如老子卓然闢道家之宗是也。如史佚為墨家所自出亦是也。（漢書藝文志，尹佚二篇，在墨家。）

要之，欲研究先秦思想者，當知諸學派未（尹佚即史佚）發生以前，先有此種官府學派、半宗教的學派，然後各種新學派若何繼承，若何蛻變，若何反動，乃可得而察也。

管子

管子名夷吾，（史記本傳）字曰仲，（左傳閔元年疏）齊之潁上人。少時嘗與鮑叔牙游，鮑叔知其賢。已而鮑叔事齊公子小白，管仲與召忽事公子糾。及小白立爲桓公，殺公子糾，（本傳）召忽死之。（論語）管仲曰：夷吾之所死者，社稷破、宗廟滅、祭祀絕，則夷吾死之；非此三者，則夷吾生。（本書大匡）桓公問鮑叔何以定社稷，鮑叔曰：得管仲則社稷定。亟召可得，不亟不可得也。魯知其賢，將致政焉。不受，將殺之。公曰：夷吾受乎？鮑叔曰：不受。夷吾不死糾，欲定齊之社稷也。今受魯之政，是弱齊也。夷吾事君無二心，雖知死不受也。公曰：其於我也，

曾若是乎。鮑叔對曰：非為君也，為社稷也。（本書大匡、中匡、小匡）

管仲既任政相齊，（本傳）乃參其國而伍其鄙，謂士農工商四民者，國之石民也，不可使雜處。故制國以為二十一鄉，商工之鄉六，士農之鄉十五，以定民之居，成民之事，使少而習焉，其心安焉，故其父兄之教不肅而成，其子弟之學不勞而能。（本書小匡）十家為什，五家為伍，什伍皆有長，以築障塞匿，一道路，博出入，審閭閈，慎筦鍵。（本書立政）使匹夫有善可得而舉，匹夫有不善可得而誅。（本書小匡）善託業於民，有事則用，無事則歸之於民。（本書乘馬）故作內政而寓軍令焉。使百姓通於軍事。制五家以為軌，軌為之長；十軌為里，里有司；四里為連，連為之長；十連為鄉，鄉有良人，以為軍令。五人為伍，軌長率之；五十人為小戎，里有司率之；二百人為卒，連長率之；二千人為旅，鄉良人率之；五鄉一師，故萬人一軍，卒伍政定於里，軍旅政定於郊，以守則固，以戰則勝。（本書小匡）其論政也，曰

倉廩實則知禮節、衣食足則知榮辱、上服度則六親固、四維張則君令行、管子牧民、又曰、錯國於不傾之地、積於不涸之倉、藏於不竭之府、下令於流水之原、使民於不爭之官、明必死之路、開必得之門、不為不可成、不求不可得、不處不可久、不行不可復、同上

情圣杜甫

五月二十一日为诗学研究会讲演

一

今日承诗学研究会嘱托讲演，可惜我文学素养很浅薄，不能有甚麽新贡献，只好把咱们家里老古董搬出来和诸君摩挲一番，题目是「情圣杜甫」。在讲演本题以前，有两段话应该简单说明：

第一：新事物固然可爱，老古董也不可轻轻抹杀。内中艺

術的古董，尤為有特殊價值。因為藝術是情感的表現，情感是不受進化法則支配的；不能說現代人的情感一定比古人優美，所以不能說現代人的藝術一定比古人進步。第二，用文字表出來的藝術——如詩詞歌劇小說等類，多少總含有幾分國民的性質。因為現在人類語言未能統一，無論何國的作家，總須用本國語言文字做工具；這副工具操練得不純熟，縱然有很豐富高妙的思想，也不能成為藝術的表現。

我根據這兩種理由，希望現代研究文學的青年，對於本國二千年來的名家作品，著實費一番工夫去賞會他。那麼，杜工部自然是首屈一指的人物了。

二

杜工部被後人上他徽號叫做「詩聖」。詩怎麼樣纔算「聖」，標準很難確定，我們也不必輕輕附和。我以為工部最少可以當得起「情聖」的徽號。因為他的情感的內容，是極豐富的，極真實的，極深刻的。他表情的方法又極熟練，能鞭辟到最深處，

能將他全部完全反映不走樣子，能像電氣一般一振一盪的打動別人的心弦上。中國文學界寫情聖手，沒有人比得上他，所以我叫他做情聖。

我們研究杜工部，先要把他所生的時代和他一生經歷略敘梗概，看出他整個的人格。兩晉六朝幾百年間，可以說是中國民族混成時代。中原被異族侵入，攙雜許多新民族的血，江南則中原舊家次第遷渡，把許多原住民的文化提高了。當時文藝上南北派的痕跡顯然，北派真率悲壯，南派整齊柔婉，在古樂府裏頭，最可以看出這分野。唐朝民族化合作用，經過完全成了，政治上統一，影響及於文藝，自然會把南北兩派特性化合冶為一爐，產成大民族的新美。初唐是黎明時代，盛唐是成熟時代。內中玄宗開元間四十年太平，正孕育出中國藝術史上黃金時代。到天寶之亂，黃金忽變為黑灰，時事變遷之劇，未有其比。當時蘊蓄深厚的文學界，受了這種激刺，益發波瀾壯闊。杜工部正是這個時代的驕兒。

他是河南人，生當開元之初。早年漫遊四方，大河以北都有他足跡，同時大文學家李太白、高達夫都是他的摯友。但在京城長安的時候甚多。中年值安祿山之亂，從賊中逃出，跑到甘肅的靈武謁見肅宗，補了個拾遺的官，不久告假回家。又碰著饑荒，在陝西同谷縣幾乎餓死。後來逃荒到四川，依一位故人嚴武。嚴武死後，四川又亂，他避難到湖南，在路上死了。他有兩位兄弟一位妹子，都因亂離難得見面。他和他的夫人也常常隔離，他一個小兒子，因饑荒餓死，兩個大兒子，晚年跟著他在四川。他一生簡單的經歷大略如此。

他是一位極熱腸的人，又是一位極有脾氣的人。從小便心高氣傲，不肯趨承人。他的詩道說：「以茲悟生理，獨恥事干謁。」（奉先詠懷）又說：「白鷗沒浩蕩，萬里誰能馴。」（贈韋左丞）可見他的氣概。嚴武做四川節度，他當窮途的時候去投奔他，然而始終不肯趨承將就，相傳有好幾回衝撞嚴武，嚴武幾乎容他不下。他集中有一首詩，可以當他人格的象徵：

「絕代有佳人，幽居在空谷。自云良家子，零落依草木。……
……在山泉水清，出山泉水濁。侍婢賣珠回，牽蘿補茅屋。摘花不插鬢，采柏動盈掬。天寒翠袖薄，日暮倚脩竹。」（佳人）

這位佳人，身分是非常名貴的，境遇是非常可憐的，情緒是非常溫厚的，性格是非常高抗的，這便是他本人自己的寫照。

三

他是個最富於同情心的人。他有兩句詩：

「窮年憂黎元，歎息腸內熱。」（奉先詠懷）

這不是瞎吹的話，在他的作品中，到處可以證明。這首詩底下便有兩段說：

「彤庭所分帛，本自寒女出。鞭撻其夫家，聚斂貢城闕。」（同上）

又說：

「況聞內金盤，盡在衛霍室。中堂舞神仙，煙霧散玉質。煖客貂鼠裘，悲管逐清瑟。勸客駝蹄羹，霜橙壓香橘。朱門酒肉臭，路有凍死骨。……」（同上）

這種詩幾乎純是現代社會黨的口吻。他做這詩的時候，正是唐朝黃金時代，全國人正在被鏡裏的太平景象醉倒了。這種景象映到他的眼中，卻有無限悲哀。

他的眼光常常注視到社會最底下那一層。這一層的可憐人那些狀況，別人看不出，他都看出；他們的情緒，別人傳不出，他都傳出。他著名的作品三吏三別，便是那時代社會狀況最真實的影戲片。垂老別的：

「老妻臥路啼，歲暮衣裳單。孰知是死別，且復傷其寒。此去必不歸，還聞勸加餐。」

新安吏的：

「肥男有母送，瘦男獨伶俜。白水暮東流，青山猶哭聲。莫自使眼枯，收汝淚縱橫。眼枯即見骨，天地終無情。」

石壕吏的：

「三男鄴城戍。一男附書至，二男新戰死。存者且偷生，死者長已矣。」

這些詩是要作者的精神和那所寫之人的精神並合為一，纔

能做出。　他所写的是否他亲耳闻亲见的事实，抑或他脑中创造的影像，且不管他；总之他做这首垂老别时，他已经化身做那位六十岁拖去当兵的老头子，做这首石壕吏时，他已经化身做那位儿女死绝衣食不给的老太婆，所以他说的话，完全和他们自己说一样。

他还有戏呈吴郎一首七律，那上半首是：

堂前扑枣任西邻，无食无儿一妇人。不为家贫宁有此，只缘恐惧转须亲。……

这首诗，以诗论，并没什么好处，但叙当时一件琐碎事了，——一位极可怜的邻舍妇人偷他的枣子吃，因那人的惶恐，把作者的同情心引起了。　这也是他注意下层社会的证据。

有一首缚鸡行，表出他对于生物的泛爱，而且很含些哲理：

小奴缚鸡向市卖，鸡被缚急相喧争。家人厌鸡食虫蚁，不知鸡卖还遭烹。虫鸡于人何厚薄，吾叱奴人解其缚。鸡虫得失无了时，注目寒江倚山阁。（缚鸡行）

有一首茅屋为秋风所破歌，末段他说道：

……安得广厦千万间，大庇天下寒士俱欢颜。风雨不动

安如山。嗚呼！何時眼前突兀見此屋，吾廬獨破受凍死亦足。」

有人批評他是說大話，但據我看來，此老確有這種胸襟，因為他對於下層社會的痛苦看得真切，所以常把他們的痛苦當作自己的痛苦。

四

他對於一般人如此多情，對於自己有關係的人更不待說了。我們試看他對朋友：那位因陷賊貶做台州司戶的鄭虔，他有詩送他道：

「便與先生應永訣，九重泉路盡交期。」

又有詩懷他道：

天台隔三江，風浪無晨暮。鄭公縱得歸，老病不識路。（有懷台州鄭十八司戶）

那位因附永王璘造反長流夜郎的李白，他有詩夢他道：

「死別已吞聲，生別常惻惻。江南瘴癘地，逐客無消息。故人入我夢，明我長相憶。恐非平生魂，路遠不可測。魂來楓林青，魂返關塞黑。君今在羅網，何以有羽翼。落月滿屋梁，猶

疑照顏色。水深波浪闊，毋使蛟龍得。（夢李白二首之一）

這些詩不是尋常應酬語，他實在拿鄭虔、李白等人當一個朋友，對於他們的境遇，所感痛苦和自己親受一樣，所以做出來的詩句句都帶血帶淚。

他集中想念他兄弟和妹子的詩，前後有二十來首，我來已性淒寂。最沉痛的如同谷七歌中：

有弟有弟在遠方，三人各瘦何人強。生別展轉不相見，胡塵暗天道路長。東飛駕鵝後鶖鶬，安得送我置汝旁。嗚呼！三

歌兮歌三發，汝歸何處收兄骨。

有妹有妹在鍾離，良人早歿諸孤癡。長淮浪高蛟龍怒，十年不見來何時。扁舟欲往箭滿眼，杳杳南國多旌旗。嗚呼！四歌兮歌四奏，林猿為我啼清晝。

他自己直系的小家庭，先是很困苦的，夫妻情卻是很穠摯的。 他早年有一首思家詩：

今夜鄜州月，閨中只獨看。遙憐小兒女，未解憶長安。香霧雲鬟濕，清輝玉臂寒。何時倚虛幌，雙照淚痕乾。（月夜）

這種緣情綺靡之作，在集中很少見，但這一首已可證明工部是一位溫柔細膩的人。他到中年以後，遭值多艱，家屋離合，經過不少的酸苦。亂前他回家一次，小的兒子餓死了。他的詩道：

老妻寄異縣，十口隔風雪。誰能久不顧，庶往共飢渴。入門聞號咷，幼子餓已卒。吾寧舍一哀，里巷亦嗚咽。所愧為人父，無食致夭折。……（奉先詠懷）

亂後和家族隔絕，有一首詩：

去年潼關破，妻子隔絕久。……自寄一封書，今已十月後。反畏消息來，寸心亦何有。……（述懷）

其後從賊中逃歸，得和家族團聚。他有好幾首詩寫那時候的光景：羌村三首中的第一首：

崢嶸赤雲西，……

……相對如夢寐。

北征裏頭的一段：

況我墮胡塵，……

……甘受雜亂聒。

其後挈眷避亂，路上很苦。他有詩追敘那時情況道：

「憶昔避賊初，北走經險艱。夜深彭衙道，月照白水山。盡室久徒步，逢人多厚顏。……痴女饑咬我，啼畏虎狼聞。懷中掩其口，反側聲愈嗔。小兒強解事，故索苦李餐。一旬半雷雨，泥濘相牽攀。……」（彭衙行）

他合家避亂在同谷縣山中，又遇著饑荒，靠草根木皮活命。在他困苦的一生涯中，要以這時候為最甚。他的詩說：

「長鑱長鑱白木柄，我生託子以為命。黃獨無苗山雪盛，短衣數挽不掩脛。此時與子空歸來，男呻女吟四壁靜。……」（同谷七歌之二）

以上所舉各詩，寫他自己家庭狀況，我替他起個名字叫做「半寫實派」。他處處把自己主觀的情感暴露，還不算寫實派的作法。但如羌村、北征等篇，多用第三者客觀的資格，描寫所觀察得來的環境和別人的情感，從極瑣碎的斷片詳密刻畫，確是近世寫實派用的方法，所以可以叫做半寫實。這種作法，在中國文學界上，不能不說是杜工部首創，所以可以說是

杜工部用得最多而最妙。從前古樂府裏頭，雖亦有些，但不如工部之描寫入微。這類詩的好處，在真事愈寫得詳，真情愈發得透。我們熟讀他，可以理會得「真即是美」的道理。

五

杜工部的「忠君愛國」，前人恭維他的很多，不用我再添話。他集中對於時事痛哭流涕的作品，差不多佔四分之一，若把他分類研究起來，不惟在文學上有價值，而且在史料上有絕大價值。為時間所限，恕我不徵引了。

中間價值最大者，在能確實描寫社會狀況及能謳吟出時代心理。剛才舉出半寫實派的幾首詩，是集中最通用的作法，此外還有許多是純寫實的。試舉他幾首：

獻凱日繼踵，兩蕃靜無虞。漁陽豪俠地，擊鼓吹笙竽。雲帆轉遼海，粳稻來東吳。越裘與楚練，照耀輿臺軀。主將位益崇，氣驕凌上都。邊人不敢議，議者死路衢。（後出塞五首之四）

讀這些詩，令人立刻聯想到現在軍閥的豪奢專橫——尤

其適有奉直戰爭前張作霖的狀況。書物完全不著一個字批評，但把實況事實直寫，自然會令讀者嘆氣或瞪眼。又如麗人行那首七古，全首將近二百字的長篇，完全是用第三者地位觀察了寫。從「三月三日天氣新」到「青鳥飛去啣紅巾」，全首廿六句中之廿四句，只是極力鋪敘那種豪奢熱鬧情狀，不惜字面上沒有諷刺痕跡，連骨子裏頭也沒有。直至結尾兩句：

「炙手可熱勢絕倫，慎莫近前丞相嗔。」算是把主意一逗。但依然不著議論，完全讓讀者自去批評。這種可以說是諷刺文學中之最高技術。因為人類對於某種社會現象之批評，自然會有共同心理，作家只要把那現象寫得真切，自然會抓住使讀者心理起反應。若把讀者心中要說的話，作者先替他傾吐無餘，那便索然寡味了。杜工部這類詩，比白香山新樂府高一籌，所爭就在此。石壕吏、垂老別諸篇，所用技術，都是此類。

工部的寫實詩，什有九屬於諷刺類。不獨工部為然，近代歐洲寫實文學，那一家不是專寫社會裏闇方面呢？但杜集中用寫實法寫社會優美方面的亦不是沒有。如《遭田父泥飲》那篇：

步屧隨春風，村村自花柳。田翁逼社日，邀我嘗春酒。酒酣誇新尹，畜眼未見有。回頭指大男，渠是弓弩手。名在飛騎籍，長番歲時久。前日放營農，辛苦救衰朽。差科死則已，誓不舉家走。今年大作社，拾遺能住否？叫婦開大瓶，盆中為吾取。……高聲索果栗，欲起時被肘。指揮過無禮，未覺村野醜。月出遮我留，仍嗔問升斗。

這首詩把鄉下老百姓極粹美的真性情，一齊活現。你看他父子夫婦間何等親熱；對於國家的義務心何等鄭重；對於社會何等爽快，何等懇切！我們若把這首詩當個畫題，把篇中各人的心理，從面孔上傳出，便成了一幅絕好的風俗畫。

杜集中關於時事的詩，以這一類為最上乘。

六

工部写情，能将许多性质不同的情绪，归拢在一篇中，而调和之美。例如《北征》篇，大都是忧时之作。然而"青云动高兴，幽事亦可悦"以下一段，纯是玩赏天然之美。"夜深经战场，寒月照白骨"以下一段，凭吊往事。"况我堕胡尘"以下一大段，纯写家庭实况，忽然而悲，忽然而喜。"至尊尚蒙尘"以下一段，正面感慨时事，一面盼望内乱速平，一面又忧虑到要藉回鹘外力的危险。"忆昨狼狈初"以下到篇末，把过去的事实，一齐涌到心上。像这许多杂乱情绪，并在一篇，调和得恰可，非有绝大力量不能。

工部写情，往往愈拶愈紧，愈转愈深。像《哀王孙》那篇，几乎一句一意，试将现行新符号去点读他，差不多每句都须用"！"符或"？"符。他那一种情感，像一堆乱石，突兀在胸中，断断续续的吐出，从无条理中见条理，真极文章之能事。

工部写情，有时又淋漓尽致一口气说出，如八股家评语所谓"大开大合"。这种类不以曲折见长，然亦能极其美。集中模范的作品，如《忆昔行》第二首，从"忆昔开元

全盛日」起到「叔孫禮樂蕭何律」止，整寫華夏追兩漢前太平景象，從社會道德上讚美，全篇意義格外深厚。「豈聞一絹直萬錢」到「復恐初從亂離說」，翻過來說現在亂離景象，兩兩比對，令讀者膽戰肉跳。

工部還有一種特別技能，幾乎可以說別人學不到的，他最能用極簡的詞句，包括無限情緒，寫得極深刻。如《喜達行在所三首》中第三首的頭兩句：

「死去憑誰報，歸來始自憐。」

僅僅十個字，把十個月內虎口餘生的甜酸苦辣都寫出來，這是何等腕力。又如前文所引《述懷》篇的：

「反畏消息來。」

五個字，寫亂離中掛急心家中情狀，真是驚心動魄。又如《垂老別》裏頭：

「勢異鄴城下，縱死時猶寬。」

死是早已安排定了，只好拿期限長些作安慰，（原文是寫老人妻送行時語）這是何等沈痛。

又如前文所引的：「鄴[illegible]歸也家不識」明明知道他絕對不會歸了，讓一步說能夠回歸，已經萬萬不堪回首。

又如：

「帶甲滿天地，胡為君遠行。」
「萬方聲一概，吾道竟何之。」（秦州雜詩）
「國破山河在，城春草木深。」
「親朋無一字，老病有孤舟。」（登岳陽樓）
「古往今來皆涕淚，斷腸分手各風烟。」（公安送韋二少府）

之類，都是用極少的字表極複雜深刻的情緒。他是用洗鍊工夫用到極點的文學家，所以說「語不驚人死不休」。此其所以為文學家的文學。

悲哀愁悶的情感易寫，歡喜的情感難寫。古今作家中，能將喜情寫得逼真的，除却杜集《聞官軍收河南河北》外，怕沒有第二篇那樣的了：

「劍外忽傳收薊北，初聞涕淚滿衣裳。却看妻子愁何在，漫卷詩書喜欲狂。白日放歌須縱酒，青春作伴好還鄉。即從巴峽穿巫峽，便下襄陽向洛陽。」

那一種手舞足蹈情形，從心坎上奔迸而出，我說他和古樂府的《公無渡河》是同一樣筆法。彼是寫悲忽然劇變的悲情，此是寫忽然劇變的喜情，都是用快光鏡照相照的。

七

工部流連風景的詩比較少，但每有所作，一定於所詠的景物觀察入微，便把那景物做象徵，從裏頭印出情緒。如：

竹涼侵臥內，野月滿庭隅。重露成涓滴，稀星乍有無。暗飛螢自照，水宿鳥相呼。萬事干戈裏，空悲清夜徂。

……（倦夜）

題目是「倦夜」，景物從初夜寫到後夜（中夜），是獨自一個人看了睡不著，熬夜倦無聊中所看出的光景，而寫環境，句句和心理反應。又如：

風急天高猿嘯哀，渚清沙白鳥飛回。無邊落木蕭蕭下，不盡長江滾滾來。……（登高）

雖然只是寫景，卻有一位老病獨客秋天登高的人在裏頭。便不讀下文「萬里悲秋常作客，百年多病獨登臺」兩句，已經如見其人了。又如：

細草微風岸，危檣獨夜舟。星垂平野闊，月湧大江流。……

……（旅夜書懷）

從寫實的環境上領略出很空闊很自由的趣味。末兩句說：「飄

飘飘何所似，天地一沙鸥。”把情绪一齐唤醒。

所以工部的写景诗，多半是把景做表情的工具。像王韦柳的写景，固然也离不了情，但不如杜之情的分量多。

八

诗是我的笑的歌呀，还是哭的叫的号呢？换句话说：诗家的任务在讴赞自然之美呀，抑在呼诉人生之苦？再换一句话说：我们应该为做诗而做诗呀，抑或应该为人生问题中某项目的而做诗？这两种主张，各有极端的理由；我们不能作极端的左袒，也不能作极端的右袒。

依我所见：人生目的不是单调的，美也不是单调的。为爱美而爱美，也可以说为的是人生目的；因为爱美本来是人生目的的一部分。诉人生苦痛，写人生黑暗，也不能不说是美。因为美的作用，不外令自己或别人起快感；痛楚的刺激，也是快感之一；例如肤痒的人，用手抓到出血，越抓越畅快。

像情感恁么热烈的杜工部，他的作品，自然是刺激性极强，近于哭叫人生目的那一派，主张人生艺术观的人，固然要读他。但还要知道：他的哭声，是三板一眼的哭出来，节节

含蓄真美；主張唯美藝術觀的人，如我，讀他不可。我很慚愧：我的藝術素養淺薄，這篇評論，不能充分發揮「情聖」作品的價值；但我希望這位情聖的精神，和我們的語言文字同其壽命，尤盼望這種精神有一部分注入現代青年文學家的腦裏頭。

教育家的自家田地

今日在座諸君，多半是現在的教育家或是將來要在教育界立身的人。我想把教育這門職業的特別好處，和怎麽樣的自己受用，說說向諸君說說。所以題目叫做「教育家的自家田地」。

孔子屢次自白，說自己沒有別的過人之處，不過是「學而不厭，誨人不倦」。他的門生公西華聽了這兩句話便讚歎道，「正唯弟子不能

及也。」我們從小就讀這章書，都以為兩句平淡無奇的話，何以見得便是一般人所不能及呢？我年來積些經驗，把這章書越讀越有味，覺得「學不厭，不厭卻難；誨人不倦，不倦卻難。」孔子特別過人處和他一生受用之處，的確就在這兩句話。

不厭不倦，是孔子人生哲學第一要件。「子路問政。……請益。子曰：毋倦。」「子張問政。子曰：居之無倦，行之以忠。」易經第一箇卦孔子做的象辭說：「天行健。君子以自強不息。」你看他只是教人對於自己的職業忠實做去，不要厭倦，要像天體運行一般，片刻不停。為什麼如此說呢？因為依孔子的觀察，生命即是活動，活動即是生命。活動停止，便是生命停止。然而活動要有原動力，——像機器裏頭的蒸汽。人類活動的蒸汽在那裏呢？全在各人自己心理作用對於自己所活動的事業感覺趣味。用積極的話說來表他，便是「樂」；用消極的話說來表他，便是「不厭不倦」。

厭倦是人生第一件罪惡，也是人生第一件苦痛。厭倦是一種想脫離活動的心理現象。換句話說，就是不願意勞

作。你想、一箇人不是上帝特製出來充當消化麵包的機器、可以一天不勞作嗎？只要稍為動一動不願意勞作的念頭、便是罪惡淵藪。一面勞作、一面不願意、拿孔子的話翻過來說、「居之倦、行之必不能以忠。」不忠實的勞作、不惟消失了勞作效率、而且可以生出無窮弊害、所以說厭倦是人生第一件罪惡。換箇方面看看、無論何等人、總要靠勞作來維持自己生命、任憑你怎樣的不願意、勞作到底是免不掉。免是免不掉、厭是不願意、天天繃著眉哭著臉去做那不願做的苦工、豈不是活活的把自己關

在第十八層地獄嗎？所以說厭倦是人生第一件苦痛。

諸君聽我這番話、諒來都承認不厭倦是做人的第一要件了。但怎麼樣纔能做到呢？厭倦是一種心理現象、然而心理卻最是不可捉摸的東西、天天自己勸自己說不要厭呀不要倦呀、他真是厭倦起來、連自己也沒有法想。根本救治法、要從自己勞作中看出快樂。——看得像雪一般亮、信得像鐵一般堅。那麼、自然會興會淋漓的勞作去、停一會都受不得、那裏還會厭倦。

再拿孔子的話來說、「知之者不如好之者、好之者不如樂之者。」一箇人對於自己勞作的職分、總要能夠好之樂之、自然會把厭倦根

從勞作中得著快樂、這種快樂、別

人要帮也帮不来，要抢也抢不去。我替他一個名叫做「自己田地」。

無論做何種職業的人，都各各有他的自己田地。但要向那一塊田地最廣大最豐富，我想再沒有能比得上教育家的了。

教育家終身做的（日日做的）不外兩件事，一是学，二是誨人。学是自利，誨人是利他。人生活動目的，除卻自利利他兩項外更有何事？

然而據別的職業的人，往往這兩件事常常衝突——利了他人便不利自己，利了自己便不利他人。就令不衝突，然要一種活動同時具備這兩方面效率者，實在不多。教育這門職業却不然：一面誨人，一面便是学；一面学，一面便拿来誨人。兩件事併作一件做，形成一種自利利他不可分的活動。對於人生目的之實現，再沒有比這種職業更為接近更為直捷的了。

学生多麼快活呀！

小孩子初初学会走，他那一種得意神情呀，真是不可以言語形容。我們當学生時代——不問小学到大学，每天總新懂得些從前沒

有不懂的道理，就学会做些从前不会做的事，便覺得自己生命的内容日日擴大，天下再愉快的事没有了。出到社會做了之後，論理人人都有求智識的慾望，誰也不願意繼續學些新學問，無奈所操職業，或者與學問性質不相容，只好為別的事情把這部分慾望犧牲掉了。這種境況，別人不知如何，單就我自己論，也曾經過許多回，每回都覺得無限苦痛。人類生理心理的本能，凡那部分久廢不用，那部分自然會漸趨麻木。許久不做學問的人，把學問的胃口弄弱了，

便許多美味在前也吃不進去，人生幸福，算是剝奪了一大半。

教育家呢？他那職業的性質，本來是拿學問做本錢，他賺來的利錢也都是學問。他日日立於不能不做學問的地位，所以把好學的本能充分刺激。他每日所勞作的工夫，件件都反影到他的學問，所以他的學問只有往前進，沒有往後退。試看！古今中外學術上的發明，一百件中最少有九十件是成於教育家之手！為什麼呢？因為學問就是他的本業。諸君啊！須知發明無分大小，發明地球繞日原理固算發明，發明一種教小孩子

游戲方法也得發明。教育家只把他所做的學問傳授給別人，並其傳授時候，只積有新經驗，我們自己只要肯用心，發明新法是不難。試想，自己發明一種新道理，這個快活還了得！恐怕真是大人說的南面王無以易也吧！就令沒有發明，然而能教日日與學問相親，吸受新知來營養自己智識的食胃，也是人生最幸福的生活。這種生活，除了教育家恐怕沒有充分享受的機會吧？

誨人又是多麼快活啊！自己手種一叢花卉，看著他發芽，看著他長葉，看著他含蕾，看著他開花，天天生態不同，每加一分培養工夫，便立刻有一分效驗呈現。教學生正是這樣。學生文化的可能性極大，你想教他怎麼樣，自然會怎麼樣。只要你帶指一條路給他，他自然會往前跑，他跑的速率，常常出你意外。他們天真爛漫，你有多少情分到他，他自然有多少情分到你，只有加多，就無減少。——有人說學校裏常常鬧風潮，教習、學生們真是難換的。我說教習要鬧到被學生趕，當然只有教習的錯處；沒有學生的錯處。總

是教習先生失了作用，或是只知敷衍，或是對學生不親切，或是學問上代不下。不然，就沒有被選之理。因為學生都迷信自己的先生，是人類通性，先生把被迷信的資格丟掉，全由自取，不能責備學生。

——教學生是只會賺錢不會蝕本的買賣。做官嗎，做生意嗎，自己一相情願要得如何如何的結果，多半不能得到，有時還和自己所打的算盤走個正反對，教學生絕對不會有這種事，只有所得結果超過你原來的希望。別的事業，拿東西給了人便成了自己的損失，教育學生絕不會有的這種憂慮，正是老子說的「既以為人己愈有，既以與人己愈多。」越發把東西給人給得多，自己的好處越發大。這種便宜貨，算是被教育家占盡了。

自古相傳的一句通行話：「人生行樂耳。」這句話倘若解釋錯了會有錢了固然會生出許多毛病，但這句話的本質並沒有錯，而且含有絕對的真理。試問人生不該以快樂為目的，難道該以苦痛為目的嗎？但什麼叫做「快樂」，不能不加以說明。第一，要徹底的快樂：若每日許多時候若終日貪一會的樂，便不算徹底。第二，要徹底的快樂：若現在快樂伏下將來苦痛根子，便不算徹底。

第三、要图谋的快乐：若能拿别人的苦痛来换自己的快乐，便不算图谋。教育家特别便宜处：第一、快乐就含藏在职业的本身，不必等到做完职业之后找别的了消遣才有快乐，所以能继续。第二、这种快乐任凭你尽量享用不会生出后患，所以能彻底。第三、拿被教育人的快乐来凑成自己的快乐，所以能图谋。乐哉教育，乐哉教育!!

东边邻舍张老三，前年当兵去年做旅长今年做师长，买了几所洋房讨了几位姨太太；西边邻舍李老

四，前年当议员，去年当做次长，今年做总长，天天燕窝鱼翅，就是出门一步都坐汽车。我们当教育家的，中学呢，百来块钱薪水，小学呢，十来二十块。每天上堂要上五点钟，讲的不好还要挨骂，回家来要饭只能吃过半饱。苦哉教育，苦哉教育!! 不错，从物质生活看来，他们真是乐，我们真是苦了。

但我们要想一想：人类生活，止有物质方面完了吗？吃燕窝鱼翅，诚然或者真比粗菜淡饭好吃，吃的时候果些也快活，但快活的是我的舌头，不是我；我拚多少心弄把戏，还带惹得来担惊受怕，来替这两寸来大的舌头换他一两秒钟

的快活，但好嗎？ 綾羅綢緞穿在我身上，和粗布破衣有什麼分別？不過旁人看著漂亮些；這是因我快活呀？還是因旁人快活呢？ 須知凡物質上快活，性質都是如此。 這種快活，其實和自己兩不相干，自己只有賠上許多苦惱。 我們要相信「行樂主義」的人，就要求精神上的快活。孔子的「飯疏食飲水曲肱而枕之，樂亦在其中」，顏子的「一簞食一瓢飲在陋巷……不改其樂」，並不騙人的話，也並不帶一毫勉強；他們真住在「教育快活林」裏頭，精神上

正在高興到了不得，那些舌頭和旁人眼睛的顏色兒，他們有閒工夫管到嗎？ 諸君啊！這箇快活林正是你自己所有的財產，千萬別要辜負了。

說是這樣說，但是「知知和鄭鄭之恨狠」，厭倦的心理，仍不時襲擊我們，抵抗不過，便被他征服。不然，何以公西華說「不能及」呢？ 我如今再告訴諸君一箇切實防衛方法：你想要誨人不倦嗎？只要學不厭自然會誨人不倦。 拿著舊部講稿印出一類新學說都不講求，我自有編的教科書上堂背誦一遍完事，今日如此，明日也如此，今年如此，明

年如此，學生們跟着個個打瞌睡，先生如何能不倦？ 當先生的常常拿和學生實踐的精神去做學問，教那一門功課，教一回自己就要有一回進步，天天有新教材，年年有新教法，怎麼還會倦？ 你想學不厭嗎？只要誨人不倦，自然會學不厭。 把功課當作無可奈何的敷衍，學生跟着有沒有趣味有沒有長進一概不管，那麼當然可以不消自己要求什麼學問。 況且把誨人當作一件正經事，拿出良心去幹，那麼，古人說的「教然後知困」，一定會發見出自己十幾年前在師範學校裏所的幾本陳腐講義不敷用，不得不求新學問，對付不來了，怎麼還會厭。 還有一箇更簡便的法子：只要你日日學，自然不厭；只要你日日誨人，自然不倦。 趣味這樣東西，總是愈引愈深，最怕是嘗不著甜頭，嘗著了一定不能自已。 像我們不會打毬的人看見學生們大熱天打得滿身臭汗，真不知道他所為何來。只要你接連打了一箇月，怕你不上癮？ 所以真肯學的人自然不厭，真肯誨人的人自然不倦。 這又可以把孔子的話顛倒過來說說：要「行之以忠」，當然會「居之無倦」了。

諸君都是有大好田地的人，我希望再不要舍其田而芸人之田，好好的將自己田地打理出來，使一生受用不盡。

完

科学精神与东西文化

八月二十八日在南通为科学社年会讲演

一

今日我感觉莫大的光荣，得有机会在一个团体中国内最大的学问团体——科学社的年会来讲演。但我又非常惭愧而且惶恐，像我这样对于科学完全门外汉的人，怎么配在此讲演呢。这篇讲题——「科学精神与东西文化」，是本社董事部指定要我讲的。我记得科学时代的

笑話：有些秀才去應考，罰他先飲三斗墨汁，預備倒吊著滴些墨點出來。我今天這本考卷，只算倒吊著滴墨汁，明知不免見笑大方。但是句句話都是表示我們門外漢對於門內的「宗廟之美，百官之富」如何欣羨，如何崇敬，如何愛慕的一片誠意。我希望國內不懂科學的人或是素來看輕科學討厭科學的人，聽我這番話，可多少覺悟，那麽，便算我個人對於本社一點貢獻了。

近百年來科學的收穫如此其豐富：我們不是鳥，也可以騰空；不是魚，也可以入水；不是神仙，也可以和幾百千里外的人答話，…………諸如此類，那一件不是受科學之賜？任憑怎麽頑固的人，說來「科學無用」這句話，再不會出諸口了。然而中國人為什麽直到今日還同不著科學的好處？直到今日還依然是「不科學的國民」呢？我想，中國人對於科學的態度，有根本不對的兩點：

其一，把科學看的太低了太粗了：我們幾千年來的傳統，都說的是：「形而上者謂之道，形而下者謂之器」，「德成而上，藝成而下」。這一類

低兩格

話。

多數人以為：科學無論如何高深，總不過藝和器的那部分，這部分原是學問的粗跡，懂得不算稀奇，不懂也不算恥辱。又以為：我們科學雖不如人，卻還有比科學更寶貴的學問，什麼治國平天下的大經綸，什麼超凡入聖的大本領，算是以自豪，對於這些粗淺的科學，頂多拿來當一種補助學問就彀了。因為這種成見橫亙在胸中，所以郭筠仙張香濤這班提倡西學的先輩起，就都有兩句自鳴得意的話，說什麼中學為體西學為用。這兩句話現在雖然沒有那麼時髦了，但因為話裏的精神和中國人脾胃最相投合，所以這話的致力，真正合用，依然支相的存在。老先生們不用說了，就算前幾年所謂新思潮所謂新文化運動，不是大家都認為蓬蓬勃勃有生氣嗎？試查一查他的內容，大概最流行的莫過於講政治上經濟上這樣主義那樣主義，我替他起個名字叫做西裝的治國平天下大經綸；次流行的莫過於講哲學上文學上這種精神那種精神，我也替他起個名字叫做西裝的超凡入聖大本領。至於那些腳踏實地平淡無奇的科學，試問有幾個人肯去講求？學校中能夠有幾處像樣子的科學講座？

化學，學幾何只懂幾何；殊不知從科學的懂得化學，自然也很容易懂得幾何，從科學的懂得幾何，自然也很容易懂得化學。他們以為只有化學數學物理幾何……等等，纔算科學。以為只有學化學數學物理幾何……等等，纔用得著科學；殊不知所有政治學經濟學社會學……等等，只要夠得上一門學問的沒有不是科學。我們若不拿科學精神去研究，便做那一門子學問也做不成。中國人因為好幾千年沒有懂得「科學」這個字的意義，所以五十年前很有人說興學堂製船砲，並沒有人興學科學；近十幾年學校裏都教的數學幾何化學物理，但總不見教會人做科學；或者說：只有理科工科的人們要科學，我不打算當工程師，不打算當理化教習，何必要科學？中國人對於科學的一看得太卑近。

我大膽說一句話：中國人對於科學這兩種態度倘若長此不改，中國人在世界上便永遠沒有學問的獨立；中國人不久必要成為被新時代淘汰的國民。

二

科学精神是什麽？

我姑從最廣義解釋，「有系統之真智識，叫做科学；可以教人求得有系統之真智識的方法，叫做科学精神。」

這句話要分三層說明：

第一層，求真智識。智識是一般人都有的，乃至連動物都有；科学所要給我們的，就是一個「真」字。一般人對於自己所認識的物事，很容易便信以為真；但只要用科学精神研究下來，越研究便越覺求真之難。

「孔子是人」，這句話不消用研究，總可以說是真，因為人和非人的分別是很容易看見的。譬如說「老虎是惡獸」，這句話真不真便待考了；欲證明他是真，必要研究獸類具備某種某種性質才算是惡，看老虎果曾具備了沒有？若說老虎殺人算是惡，為什麼人殺老虎不算惡？若說殺同類算是惡，只聽見有人殺人，從沒聽見老虎殺老虎，然則人容或可以叫做惡獸，老虎卻絕對不

能叫做是觀了。譬如說「性是善」，或說「性是不善」，這兩句話真不真，越發難考了；到底什麼是「性」，什麼叫做「善」，兩方面都先要弄明白，例如孟子說的性咧情咧才咧，宋儒說的義理咧氣質咧，鬧成一團糟，那便沒有標準可以求真了。譬如說「中國現在是共和政治」，這句話便很不真，要待考；我知他真不真，先要把共和政治的內容弄清楚，看中國和他合不合。譬如說「清國是共和政治」這句話也待考；我知他真不真，先要問「清國」這箇字的範圍若何，若滿洲也算清國，這句話當然不真了。看這幾箇例便可以知道：我們想對於一件事物的性質得有真知灼見，很是不容易；要鑽在這件事物裏頭去研究，要繞著這件事物周圍去研究，要跳出這件事物高頭去研究。

分。分析種種研究的結果，把這件事物的本性大概都研究出來，這算是許多相類似容易混淆的箇體中，發現每箇箇體的特徵。換一箇方向，把許多同有這種特徵的事物，歸成一類，許多類歸成一部，許多部歸成一組，如是綜合研究的結果，算是得了許多各自分離的箇體中發現出他們相互間

的普遍性。經過這種種工夫，纔許你開口說某件事物的性質是怎麼樣。這便是科學第一件精神。

第二層，求有系统的真知识：知识不但是要知道一件一件事物便了，還要知道這件事物和那件事物的關係，否則零頭斷片的知识全沒有用處。知道事物和事物相互關係，而因此推彼，得從所已知求出所未知，叫做有系统的知识。系统有二：一竪，二横。横的系统，即指事物的普遍性——如前段所說。竪的系统，指事物的因果律——有這件事物，自然會有那件事物；必須有這件事物，纔能有那件事物；倘若這件事物有如何如何的變化，那件事物便會有或纔能有如何如何的變化；這叫做因果律。明白因果，是增加新智识的不二法門，因為我們靠他纔能因所已知推見所未知；明白因果，是由智识進到行為的嚮導，因為我們預料結果如何，可以選擇一個目的做去。雖然，因果是不輕容易譚的：第一，要找得出證據；第二，要說得出理由。因果律雖然不能說都要含有「必然性」，但總是愈近於「必然性」愈好，最少也要含有很強的「蓋然性」，倘若僅屬於「偶然性」的便不算因果律。譬如

說：「晚上落下去的太陽，明早上一定再會出來，」說：「倘若把水煮過了沸度，他一定會變成蒸汽，」這等等是含有必然性；因為我們千千萬萬回的經驗，卻沒有一回例外；而且為什麼如此，可以很明白說出理由來。譬如說：「今年落去的樹葉明年春天還會長出來，」這句話便錯了；因為再長出來的並不是這塊葉，而且這樹也許經著別的變故再也長不出葉來。譬如說：「雨便有虹霓，東便一定有雨，」這句話越發錯了；因為虹霓不是雨的原因，他是和雨同一個原因或者還是雨的結果。翻過來說：「東便有雨，雨便一定有虹霓，」這句話也錯了；因為雨雖然可以為虹霓的原因，卻還須有別的原因湊攏在一處，虹霓才會出來。譬如說：「不孝的人要着雷打，」這句話便大大的錯了；因為雖然我們也曾聽見某箇不孝人着雷，但不過是偶然的一回，許多不孝的人不見得都着雷，許多着雷的東西不見得都不孝；而且宇宙間有箇雷公雷公會專打不孝人，這些理由完全說不出來。譬如說：「人死會變鬼，」這句話越發大大的錯了；因為從來得不着絕對的證據，而且絕對的說不出理由。譬如說：「治極必亂，亂極必治，」這句話便很安錯了；因為我們從中

國歷史上雖然常常出許多前例，但說治極一定亂的原因，亂極生治的原因，無論如何，總說不下去。譬如說：「中國行了聯省自治制後一定會太平。」這話尚待考；因為聯省自治能否有致太平的可能性，無奈我們未曾試過。看這些例，便可知我們想應用因果律求得有條理的知識，實在不容易。總要積無數的經驗——或照原樣子繼續忠實觀察，或用人為的加減改變試驗，務找出真憑實據，纔能確定此物與彼物的物物關係。這還是第一步。再進一步，凡一事物物之成毀，莫不止一箇原因，知道甲物和乙的關係還不夠，又要知道甲和丙丁戊……等等關係，原因之中又有原因，要想真知道乙和甲的關係，便須先知道乙和庚、庚和辛、辛和壬……等等關係。不經過這些工夫，實實在在下一箇斷案說某某物和某某物有何等關係，便是武斷，便是非科學的。科學家也許以為有證據的事實為基礎，逐層逐層的看出他們的因果關係，業明確含有必然性或含有極高蓋然性的原則，好像拿許多條實麻繩組織成一張網。這個知識愈大，漸漸的函蓋到這一組知識的全部，便成了一門科學。這是科學第二件主要精神。

第三层，可以教人的智识：凡学问有一个要件，要能「传与其人」。人类文化所以能成立，全由于一人的智识能传给多数人，一代的智识能传给次代。我费了很大的工夫得一种知识，把他传给别人，别人费比较小的工夫承受我的智识之全部或一部，同时腾出别的工夫又去发明新智识，如此教学相长递相传授，文化内容，自然一日一日的扩大。倘若智识不可以教人，无论这项智识怎样的精深博大，也等于「人亡政息」，于社会文化绝无影响。中国凡百学问，都带一种「可以意会不可以言传」的神秘性，最足为智识扩大之障碍。例如医学，我不敢说中国几千年没有发明，而且我还信得过确有名医，但总没有法传给别人，所以今日的医学，和扁鹊、仓公时代一样，或者还不如。又如修习禅观的人，所得境界，或者真是圆满庄严，但只好他一个人独享，对于全社会文化竟不发生丝毫关系。中国所有学问的性质，大抵都是如此。这也难怪：中国学问，本来是由几位天才绝特的人「妙手偶得」，本来不是按步就班的循着一条去得着，何从把一条应循之路指给别人？科学家

恰恰相反。他們一點點智識，都是由跟着經驗得來。他們說一句話總要舉出證據，自然要將證據如何搜集如何審定一概告訴人。他們主張一件事總要說明理由，理由非能夠還元不可，自然要把自己思想經過的路徑，順次詳敘。所以別人讀他一部書或聽他一回講義，不惟能夠承受他研究所得之結果，而且一併承受他如何能研究得此結果之方法，並可以用他的方法來批評他的錯誤；方法普及於社會，人人都可以研究，自然人人都會有發明。這是科學第三件主要精神。

三

中國學術界，因為缺乏這三種精神，所以生出如下之病證：

（一）

（一）籠統。標題籠統，有時令人看不出他研究的對象為何物。用語籠統，一句話容得幾方面解釋。思想籠統——最愛說大而無當不着邊際的道理，自己主張的是什麼，和別人不同之點在那裏，連自己也說不出。

(二)武断。 立说的人，既不必负找寻证据说明理由的责任，判断下得容易，自然流于武断。 许多名家著述，不独违反真理，且违反常识的，比比而有。 既已没有讨论学问的公认标准，虽然判断错误，也没有人能驳他，谬误便日日侵蚀社会人心。

(三)虚伪。 武断还是无心的过失。 既已容许武断，便也容许虚伪。 虚伪有二：一、语句上之虚伪，如隐匿真证，杜撰假证或曲说理由等等。 二、思想内容之虚伪，本无心得，貌为深秘，欺骗世人。

(四)因袭。 把批评精神完全消失，而且没有批评能力，所以一味盲从古人，剿窃些绪余过活。 所以思想界不能有弹力性，随着时代所需求而开拓。 倒反留着许多沉淀废质在里头为营养之障碍。

(五)散失。 间有一两位思想伟大的人，对于某种学术有新发明，但是没有传授与人的方法，这种发明，便随着本人的生命而中断。 所以他的学问，不能成为社会上遗产。

以上五件，能並不敢說是我們思想界固有的痼疾，這病最少也自秦漢以來受了二千年。我們若甘心拋棄文化國民的頭銜，那便更何話可說？若還捨不得嗎？試想這二千年思想界的內容貧乏到如此，學術的塗徑榛塞到如此，長此下去，何以圖存？！想救這病，除了提倡科學精神外，沒有第二劑良藥了。

我最後還要補幾句話：我絕並無菲薄部指定的這篇題目講演，其實科學精神之有無，只能用來橫斷新舊文化，不能用來縱斷東西文化。若說歐美人是天生成科學的國民，中國人是天生成非科學的國民，我們可絕對的不能承認。拿我們戰國時代和歐洲希臘時代比較，彼此都不能說是有現代這種嶄新的科學精神，彼此卻也沒有反科學的精神。秦漢以後，反科學精神瀰漫於中國者二千年，羅馬帝國以後反科學精神瀰漫於歐洲者也一千多年。兩方比較，我們隋唐佛學時代，還有點「準科學的」精神不時發現，只有比他們強，沒有比他們弱。我所舉五種病證，當他們教會壟斷學問時代，件件都有。直到文藝復興以後，漸漸把思想界的健康恢復轉來，一班所謂科學者，纔種下根苗。